Matthias Peschel

mp3 - Mehr als ein Suffix

Matthias Peschel

# mp3 - Mehr als ein Suffix

GRIN Verlag

Bibliografische Information der Deutschen Nationalbibliothek: Die Deutsche Bibliothek
verzeichnet diese Publikation in der Deutschen Nationalbibliografie; detaillierte bibliografische Daten sind im Internet über http://dnb.d-nb.de/ abrufbar.


1. Auflage 2005
Copyright © 2005 GRIN Verlag
http://www.grin.com/
Druck und Bindung: Books on Demand GmbH, Norderstedt Germany
ISBN 978-3-640-49397-5

# MP3

# Mehr als ein Suffix

Hausarbeit
im Wintersemester 2004/2005

Einführung in den Medienstudiengang XO
Medien-Planung, -Entwicklung & -Beratung
Universität Siegen

eingereicht von:
Matthias Peschel

Swisttal, 13.09.2005

# Inhaltsverzeichnis

# 1 Intro

Im alltäglichen Umgang mit Musik ebenso wie beim Surfen im Internet begegnet man nahezu unausweichlich dem Phänomen *MP3*. Dabei wird diese jedoch häufig lediglich ‚genutzt, ein Phänomen, sollte man meinen, würde ‚bestaunt' werden. Dennoch ist der Autor der Meinung, den richtigen Begriff gewählt zu haben. In den zehn Jahren, die seit der ‚Geburt' der MP3 vergangen sind, hat sie viel verändert. Hauptsächlich in den Bereichen Musik und Internet sind Fortschritte bzw. Umwälzungen in erheblichem Maße auf sie zurückzuführen.

Die vorliegende Hausarbeit will die Entwicklung der MP3 sowie die Entwicklungen und Veränderungen, die sie nach sich gezogen hat, nachzeichnen.

# 2 MP3

## *2.1 Entwicklung*

*Perfect Sound Forever* – Die CD wurde bei ihrer Einführung als revolutionäres Speichermedium gepriesen. Nach den Misserfolgen von Quadro-Sound und Achtspur-Bändern erhoffte sich die Musikindustrie Anfang der Achtziger einen neuen Schub vom digitalen Medium. Seit 1978 hatten die Elektronikriesen Sony und Philips gemeinsam an einer Standardisierung für das neue Format gearbeitet, 1982 wurde dieser schließlich unter dem Namen ‚Red Book' festgelegt (vgl. Röttgers 2003, 96ff; Haring 2002, 29ff).

Entscheidend für diese und zukünftige Entwicklungen war die Umwandlung der analogen Musik in digitale Informationen. Töne sind Schallwellen, die durch Luft übertragen werden. Je höher die Frequenz einer Schallwelle (d.h. die Anzahl ihrer Schwingungen pro Zeiteinheit) desto höher wird der Ton wahrgenommen, je höher die Amplitude desto lauter erscheint der Ton. Schallwellen sind analoge, also kontinuierliche Informationen. Damit sie von einem Digitalmedium reproduziert werden können müssen sie in computerlesbare (diskrete) Codes, also Binärzahlen aus 0 und 1 umgewandelt werden. Dazu wird die Schallwelle in viele Stücke ‚zerhackt' und der Wert der jeweiligen Amplitude registriert. Bei der Wiedergabe wird aus diesen Informationen wieder eine Schallwelle geformt. Natürlich ist diese digitale Reproduktion nicht identisch mit dem analogen Original, allerdings ist das ab einer gewissen Qualität für das menschliche Ohr nicht mehr erkennbar[1] (vgl. Koch 2001, 25ff).

---

[1] Standard für die CD ist eine Abtastrate (Messwerte pro Sekunde) von 44,1kHz bei einer 16-Bit-Quantisierung (d.h. für jeden Messwert wird eine Binärzahl zwischen 0 und 65.535 registriert). Verringert man auch nur einen beider Parameter, wirkt sich das hörbar auf die Qualität aus.

Diesen Aspekt der *Psychoakustik* machten sich auch Karl-Heinz Brandenburg und das Fraunhofer-Institut zu nutzte, während sie ab 1987 im Rahmen des EUREKA Projects EU 147 an einer Realisierung von *Digital Audio Broadcasting* arbeiteten. Da bei der herkömmlichen Digitalisierung riesige Datenmengen anfallen (eine Minute in CD-Qualität entspricht etwa 10,3 MB)[2], die sich z.B. kaum über ISDN übertragen lassen[3], versuchte man die Audiodaten zu reduzieren ohne die Klangqualität signifikant zu verschlechtern. Es wurde ein Kompressionsverfahren entwickelt, welches beim enkodieren sämtliche ‚überflüssigen' Informationen eliminiert. Dazu zählen z. B. alle Frequenzen die außerhalb des für den Menschen hörbaren Spektrums liegen, sowie Geräusche, die durch Lautere übertönt werden. Außerdem werden Töne, die bei Stereoaufnahmen auf dem linken wie dem rechten Kanal gleichermaßen vorhanden, sind nur einmal gespeichert. Dieser Algorithmus wurde 1992 unter dem Namen *ISO-MPEG Audio Layer-3* standardisiert[4]. Damit sind Komprimierungsverhältnisse bis 96:1 möglich, in verschiedenen Testreihen wurde allerdings eine Komprimierung von 12:1 (also 64kbit/s pro Kanal[5]) als Unterschwelle festgestellt, bei der keine hörbaren Qualitätsverluste im Vergleich zum Original feststellbar sind (vgl. Anonymus [Fraunhofer]). Am 14. Juli 1995 wurde dem Komprimierungsformat die Dateiendung *.mp3* verliehen (Anonymus 2005a). Heutzutage ist sie aus dem Computeralltag nicht mehr wegzudenken.


## 2.2 Möglichkeiten der Nutzung und Vorteile von mp3

„For a given sound quality level, it requires the lowest bitrate - or for a given bitrate, it achieves the highest sound quality" (Anonymus [Fraunhofer]). Entscheidend ist die Verringerung der Datenmenge ohne ‚wahrnehmbare' Qualitätsverluste. Nur dadurch ist eine Übertragung über die vorhandenen Strukturen des WWW ‚sinnvoll' geworden. Die Technologie als *trägerloses Format* ermöglicht aber nicht nur neue Möglichkeiten der Distribution über das Internet, sondern beinhaltet wie „jede technologische Innovation auch

---

[2] 16 Bit = 2 Byte mal 44.100 Hz = 88.200 Byte/s. Für Stereo sind es bereits 176.400 Byte/s = 176,4 KB/s. In einer Minute fallen also 176,4 KB/s = 176,4 mal 60 KB/min = 10.584 KB/min an (Ein MB entspricht 1024 KB) (vgl. Koch 2001, 28).

[3] Eine ISDN Leitung schafft max. 8 KB/s, also braucht man für eine Minute Musik in CD Qualität ca. 22 Minuten (10.584 KB ÷ 8 KB/s = 1.323s). Für eine Echtzeitübertragung (z.B. für Netzradio) benötigte man die 20-fache ISDN-Geschwindigkeit (vgl. Koch 2001, 29).

[4] MPEG sthet für „MOVING PICTURES EXPERT GROUP. Ursprünglich wurde an einer Komprimierung von Filmdaten gearbeitet (vgl. Anonymus [mp3Werk-b])

[5] Für eine Sekunde Musik (Stereo) müssen 176400 Bytes übertragen werden (s. Anm. 2). Da 1 Byte = 8 bit gilt 176.400 mal 8 bit/s = 1.411.200 bit/s = 1411,2 kbps. Bei einer 12:1 Kompression erreicht man ca. 128 kbps (vgl. Koch 2001, 29). Erstaunlicherweise entspricht dieser Wert ISDN-Geschwindigkeit bei Kanalbündelung, d.h. theoretisch sind Echtzeitübertragungen möglich.

eine ökonomische Dimension" (Hemming 2004, 110) und hat z.B. eine neue Generation von portablen Musikplayern in der Tradition des Walkmans nach sich gezogen. Bekanntester der Vertreter dieser Geräte ist zur Zeit wohl der *iPod* der Firma *Apple*, aber Vorläufer gibt es bereits seid 1998 (Anonymus [mp3Werk-a]). Ohne die mp3-Kompression (und selbstverständlich der Fortentwicklung von physischen Speichermedien) wären z.B. auch die sog. *Realtone-Klingeltöne* für Handys nicht denkbar.

Vorteile liegen in vieler Hinsicht auf der Hand, ein Beispiel: Der Musiker kann seine Musik ohne jede Hilfe für andere zugänglich machen, alles was er benötigt sind einige MB Webspace und ein Encoder[6]. Der Konsument kann Musik jederzeit und überall (wo Zugang zum Internet besteht) beziehen. Danach lädt er sich sie auf seinen portablen Player und hat dort irrsinnige Mengen an Songs zur Auswahl – glücklicherweise sind in jeder mp3-Datei in Form eines ID-Tags Songinformationen gespeichert so dass selbst bei 10.000 Titeln eine einfache und schnelle Anwahl gewährleistet ist. Und dass alles nahezu in CD-Qualität. Soweit die (stark vereinfachte) Theorie.


# 3  Musikdistribution im Internet

## 3.1  Rechtliche Grundlagen

Die rechtliche Situation soll anhand des aktuell in Deutschland geltenden Rechts behandelt werden. Zum Urheberrecht an sich gibt es verschiedene Ansätze und Sichtweisen. So zitiert Haring (2002, 147) eine Rede von John Perry Barlow:

> „Ich möchte ihnen vorlesen, was Jefferson über die Entwicklung des Urheberrechts [...] gesagt hat: ‚Wenn es etwas gibt, was von Natur aus am wenigsten dem Eigentumsrecht unterliegt, dann sind es die Produkte des Denkens, die Ideen, auf die ein Einzelner nur so lange exklusiven Anspruch erheben kann, wie er sie für sich behält.'"

Mönkemöller (2000) formuliert vorsichtiger:

> „Der Zugriff auf fremde Informationen (Daten), deren Austausch und Speicherung, sichert unsere wissenschaftliche und gesellschaftliche Fortentwicklung. Soweit das geistige Eigentum anderer berührt wird, werden Regelungen erforderlich, die das Verhältnis Nutzer und Schöpfer gestalten und wechselseitige Ansprüche ausgleichen."

Das Problem zwischen Bevölkerung und Urhebern ist kein Neues. Bereits 1965 musste der Bundestag über das damals geltende Urheberrecht von 1901 und 1907 beraten. Danach war es ausdrücklich erlaubt, Kopien von Werken anzufertigen, um den Zugang zu Kulturgütern für alle Schichten zu erleichtern. Allerdings wurde dabei in erster Linie an das Abschreiben von Partituren per Hand gedacht. Mit dem Magnettonband und der erstmals auftretenden

---

[6] Tatsächlich war dies zunächst eine eigenständige Applikation, ebenso wie der Decoder zur Wiedergabe der mp3. Mittlerweile sind die entsprechenden Codes in fast jedem Audioprogramm integriert.

Möglichkeit einer schnellen und guten Kopie sah die Musikindustrie in den Sechzigern ihr Ende eingeläutet. Der Bundestag bestätigte die Gesetzgebung insofern, als das er die Privatkopie weiterhin erlaubte, und zwar aus folgenden Gründen: 1. ‚Geistiges Eigentum‘ unterliege einer „Sozialbindung,“ d.h. bei „gewichtigem Interesse der Allgemeinheit“ könne es eingeschränkt werden. Außerdem liege jeder Idee das „bestehende Werk eines Dritten zu Grunde, so dass das „kulturelle Schaffen selbst eines Zugriffs“ bedürfe, 2. durch ein entsprechendes Verbot kriminalisiere man große Teile der Bevölkerung, überhaupt könne es nicht durchgesetzt werden und 3. seien die Urheber selbst „mehr an einer Vergütung für ihre Leistung interessiert als an einer Einschränkung der Vervielfältigung derselben.“ Die pragmatische Lösung hieß deshalb 1965, die Privatkopie weiterhin zu erlauben, dafür jedoch „jede Leerkassette und jedes Tonbandgerät mit einer Abgabe an die Urheber“ zu belasten. Dabei blieb es bis zur Urheberrechtnovelle 2003, der eine „nahezu vollständige Reprise der Diskussion des Jahres 1965“ voranging (vgl. Reinbacher 2004, 1244f).

### 3.1.1 Uhrheberrecht und Privatkopie

Rechtmäßige Privatkopien sind seit der Reform des UrhG vom 13.9.2003 nur von nicht „offensichtlich rechtswidrig erstellten Vorlagen“ möglich. So sollte Internettauschbörsen ein Riegel vorgeschoben werden. Trotzdem ist nicht vollständig geklärt, ob ein Download rechtswidrig ist (vgl. Frank 2004, 577). Reinbacher (2004, 1243) kommentiert:

> „Herausgekommen ist ein Kompromiss, der durch Undurchsichtigkeit glänzt und eine
> sonderbare Schieflage zwischen Privatkopie und Kopierschutzmechanismen erzeugt.“

Nach dem ‚neuen‘ UrhG ist das öffentliche Zugänglichmachen von Werken eine Form der öffentlichen Wiedergabe und als solche dem Urheber vorbehalten. Keine Ausnahmeregelung trifft für die Bereitstellung in Tauschbörsen zu, so dass in einem solchen Fall eine unzulässige Handlung vorliegt, die strafbar ist.

Schwieriger ist die Beurteilung eines Downloads. Grundsätzlich ist die Vervielfältigung eines urheberrechtlich geschützten Werkes dem Urheber selbst vorbehalten, eine durch den Download einer Datei erstellte Kopie fällt allerdings unter eine Ausnahmeregelung. Wie bereits erwähnt ist eine Privatkopie zulässig, wenn sie von einer nicht „offensichtlich rechtswidrig erstellten Vorlage“ erstellt wird. De facto bleibt daher das Herunterladen weiterhin zulässig, denn handelt es sich bei der Vorlage ebenfalls um eine rechtmäßige Privatkopie, so ist der Download (nicht das Bereitstellen!) legal (vgl. Frank 2004, 578f). „Lediglich bei CDs oder Filmen, die noch gar nicht auf dem Markt sind, ist von einer offensichtlichen Rechtswidrigkeit auszugehen, da diese nicht rechtmäßig erworben worden sein können" (Reinbacher 2004, 1247).

Da der Gesetzgeber aber dem Hersteller ebenfalls das Recht zur Implementierung eines Kopierschutzes in die Trägermedien eingeräumt, ergibt sich die o.g. Schieflage: „ Es ist also nicht strafbar, von rechtmäßigen bzw. nicht offensichtlich rechtswidrigen Quellen zu kopieren, und auch nicht, eine Kopierschutz zu knacken, sofern beides zum privaten Gebrauch geschieht" (Reinbacher 2004, 1247).

Selbstverständlich ist die Intention des Gesetzgebers offensichtlich, strafrechtlich können User jedoch auf Grund des Analogieverbots[7] nicht belangt werden. Frank (2004, 580) begrüßt dies: „Dass Straferecht stellt hier nicht das richtige Instrument dar" und bemerkt „[...] der Musikindustrie bleibt die Möglichkeit zivilrechtlicher Klagen offen. Wie schon 1965 heißt es: „Die Kriminalisierung breiter Bevölkerungsteile muss vermieden werden, [...]" (ebd).

Mit dieser Sicht der Dinge versteht Reinbacher (2004, 1243) die *Hart-aber-Gerecht*-Spots[8] der Verwerterindustrie als „Kampagne gezielter Ungenauigkeiten" um die „eigentliche Niederlage im Gesetzgebungsverfahren zu kaschieren."


## 3.2 Verlagerung von Musikdistribution in nicht-kommerzielle Bereiche – Tauschbörsen

„Das Internet und die Online Medien hätten ohne das Format mp3 und dessen Etablierung niemals eine derart umwälzende Auswirkung auf die Musikindustrie und ihre Rahmenbedingungen haben können, wie wir sie heute beobachten. Über Jahre hinweg veränderte dieses Format das Umfeld der Musikbranche, zunächst schleichend, dann mit voller Wucht ab Einsetzen des Filesharing-Booms" (Friedrichsen/Gerloff/Grusche/Damm 2004, 41).

Anfangs war das Format nur wenigen Insidern bekannt, einen ersten ‚Boom' erlebte es 1996, als amerikanische Collegestudenten auf das Format aufmerksam wurden. Sogleich wandelten sie ihre kompletten CD-Sammlungen in mp3s um und stellten sie auf privaten Homepages zusammen mit Informationen über *mp3* ins Netz. Zeitweise beanspruchten diese Seiten 80% des ausgehenden Netzwerk-Traffics der Colleges, auf deren Servern sie abgelegt waren (vgl. Friedrichsen/Gerloff/Grusche/Damm 2004, 42[9]). Allerdings wurden diese Seiten recht bald

---

[7] „Im Strafrecht ist eine Analogie zulasten des Täters verboten. Die Grenze der Auslegung ist der Wortlaut. Nicht abgestellt werden darf über den Wortlaut hinaus auf den Sinn des Gesetzes" (Reinbacher 2004, 579; zitiert nach: Schmitz, in: Münchener Kommentar zum Strafgesetzbuch, 2003, § 1 StGB Rdnr.58).

[8] www.hartabergerecht.de
Es handelte sich um Kino- und Fernsehspots sowie Printkampagnen, in den propagiert wurde, ‚Raubkopierer' würden seit der Urheberechtsnovelle vom September 2003 mit Freiheitsstrafen rechnen müssen. Dies trifft, wie oben ausgeführt, nicht generell zu.

[9] zitiert nach: Weekly, David (2000): The Online MP3 Book, http://david.weekly.org/mp3book [26.02.2003]

wieder von der RIAA[10] geschlossen, oftmals waren daher auch die Links zu ihnen tot und die Suche nach mp3s im Netz gestaltete sich mühsam. Haring (2002, 38) schreibt dazu:

> „Die Musikindustrie pflegte schon immer eine seltsame Hassliebe gegenüber dem technologischen Fortschritt. Einerseits hing ihr Wachstum davon ab, dass immer neue Formate und Vertriebssysteme die Konsumenten zwangen, ihre Musiksammlung zu ersetzen oder zu erweitern; andererseits hatte sie immer ängstlich versucht, sich vor jedem neuen Technologieschub zu schützen.“

Der „Durchbruch des mp3- Formats als Musik-(Tausch-)Medium im Internet“ (Friedrichsen/Gerloff/Grusche/Damm 2004, 44) gelang Shawn Fanning. Er hatte die „revolutionäre Idee, einfach alle MP3-Fans zusammenzuschließen,“ (Renner 2004, 154) so dass ihre Daten direkt getauscht werden konnten.


## 3.2.1 Zentrale Netzwerke / Napster

### 3.2.1.1 Funktionsweise

Bei Napster handelte es sich um eine sog. *zentrales-p2p[11]-Netzwerk.* Die User schließen sich über ein Vermittlungsprogramm (Client) zusammen. Innerhalb des Netzwerkes geben die User bestimmte Verzeichnisse ihrer Festplatte und die darin enthaltenen Dateien für den Zugriff anderer Teilnehmer des Netzwerkes frei. Der Client übermittelt die Informationen der freigegeben Dateien an einen zentralen Server auf welchem ein Index erstellt wird. Sucht User A nun mit seinem Client-Programm im zentralen Index nach einem bestimmten Song und wird bei User B fündig, kann User A sich direkt, ohne Umweg über einen Server mit User B verbinden und den Song auf seine Festplatte kopieren. Der zentrale Server gewährleistet lediglich eine effektive Suche (vgl. Friedrichsen/Gerloff/Grusche/Damm 2004, 44).


### 3.2.1.2 Wirkung

Fanning konzipierte sein Clientprogramm *Napster* im Herbst 1998, im Frühjahr 1999 beendete er seine College-Ausbildung nach nur einem Semester um sich voll seiner Software zu widmen. Im Mai 1999 gründete er mit seinem Onkel *Napster Inc.* Und im Juni 1999 wurde schließlich die erste Beta-Version zum Download angeboten. „Innerhalb weniger Tage luden tausende von Neugierigen die Software herunter.“ Nach der Version 2.0 im September 1999

---

[10] www.riaa.org
Die *Recording Industry Association of America* ist der offizielle Branchenverband der Musikindustrie in den Vereinigten Staaten.
[11] Peer to Peer, hier werden „Gleiche mit Gleichen“ verbunden (vgl. Renner 2004, 155).

der Software wurde *Napster* zu einem der am raschesten wachsenden Internetangebote dieser Zeit. Millionen beteiligten sich am Tausch von Musik, durch die integrierte Chatfunktion entstanden Communities in denen über Musikrichtungen diskutiert wurde und versucht wurde, „andere vom eigenen Lieblingssong zu überzeugen" (vgl. Röttgers 2003, 15ff). Tauschen von mp3s entwickelte sich von „einer Untergrund-Aktivität [..] amerikanischer Collegestudenten hin zur beinahe alltäglichen Beschäftigung der breiten Masse [...]" (Friedrichsen/Gerloff/Grusche/Damm 2004, 45).


### 3.2.1.3 Reaktion der Musikbranche

Selbstverständlich blieben diese Aktivitäten der Musikbranche nicht verborgen. Im Dezember 1999 wurde von 17 Plattenfirmen die erste Klage gegen Napster wegen Copyright-Vergehen eingereicht. Es wurden pro getauschtem Song 100.000 Dollar Schadensersatz gefordert, in der Summe hätte dies mehrere Milliarden Dollar ergeben[12]. Im Frühjahr 2000 gesellten sich zu den Plattenfirmen auch Künstler, allen voran Lars Ulrich von *Metallica*. Er überbrachte Napster in einer symbolträchtigen Aktion eine Liste mit mehr als 300.000 Namen von Napster-Usern, die ‚illegal' Metallica-Songs getauscht hatten. Bei Fans stieß dies auf Ablehnung, waren es doch Metallica gewesen, die es ihren Konzertbesuchern am Anfang ihrer Karriere erlaubten, Bootlegs von ihren Konzerten zu erstellen und über den Tausch derselben berühmt geworden waren (vgl. Röttgers 2003, 19; Friedrichsen/Gerloff/Grusche/Damm 2004, 47). Napster ließ die entsprechenden Accounts daraufhin sperren, allerdings mussten sich die Nutzer nur unter anderem Namen wieder anmelden, um weiterhin an der Tauschbörse teilnehmen zu können.

Napster Grundproblem war die Architektur des Netzwerks. Da alle Suchanfragen über einen zentralen Server liefen, an den sich jeder Client bei Start anmeldete, musste folglich nur dieser Server abgeschaltet werden um das Netzwerk zum Erliegen zu bringen. Darauf zielten auch die Klagen der Musikindustrie. Napster berief sich jedoch darauf, lediglich die Infrastruktur zur Verfügung zu stellen und nicht an Copyright-Vergehen seiner Nutzer beteiligt zu sein. Außerdem würden mp3s eher zum ‚Antesten' genutzt als dass sie ganze Alben substituierten (vgl. Liebowitz 2003, 8). Die gerichtlichen Auseinandersetzungen wurden natürlich aufmerksam von den meisten verfolgt, so dass jede Verfügung zu einem

---

[12] Diese aberwitzige Summe scheint übertrieben, da ja nicht jeder getauschte Song auch gekauft worden wäre und daher nicht als ‚Verlust' gewertet werden kann. Aber evt. verfolgte die Industrie auch andere Interessen: „Bereits damals [1998] gab die RIAA dreißig bis vierzig Prozent ihres Etats für die Bekämpfung der Online-Piraterie aus, [...]" (Haring 2002, 84).

sprunghaften Anstieg der Nutzerzahlen führte. Hemming (2004, 111) schreibt: „Ähnlich wie im Fall von Drogen dürfte aber der Reiz des Verbotenen gerade bei Jugendlichen noch zusätzlich zur Popularität von mp3-Dateien [beigetragen haben]." Wahrscheinlicher erscheint jedoch eine Art ‚Torschlusspanik,' schließlich war ja nicht abzusehen, wie lange die kostenlose Beschaffung von Musik aus dem Netz noch möglich sein würde.

Als einziges der 5 Major-Labels[13] verfolgte Bertelsmann einen anderen Plan. Im Sommer 2000 verkündete man die Zusammenarbeit mit Napster um die Infrastruktur der Tauschbörse für den Aufbau eines kommerziellen Online Angebots zu nutzen[14]. Allerdings scheiterte dieses Unternehmen daran, dass kein anderes Major-Label bereit war, seinen Katalog an Bertelsmann zu lizenzieren, so dass nach vielen Gerichtsterminen am 1. Juli 2001 die Server abgeschaltet wurden und das Phänomen Napster sein Ende fand. Röttgers (2003, 75) schreibt dazu:

> „Napster [..] schaffte es in nicht mehr als zwei Jahren vom gegen die Musikindustrie kämpfenden Rebellen zum Hoffnungsträger mit Bertelsmann-Unterstützung, um schließlich als verschuldeter Pleitefall versteigert zu werden."

Schließlich übernahm der CD-Brennsoftware-Anbieter Roxio Ende 2002 die Überreste. Heute existiert Napster als kommerzielles Downloadportal, allerdings weit entfernt von der Popularität die die *Tauschbörse Napster* im Internet hatte.


## 3.2.2 (Semi-) Dezentrale Netzwerke / GNUtella, KaZaA

### 3.2.2.1 Funktionsweise

*Dezentrale-p2p-Netzwerke* stellen gewissermaßen die Fortentwicklung von Napster dar. Sie entstanden allerdings parallel, d.h. noch während Napster sich im Rechtsstreit mit der Musikindustrie befand. Ihre Funktionsweise ist insofern verbessert, als das auf zentrale Einheiten wie den Indexserver im Napster Netzwerk, verzichtet wird. Jeder Client leitet die Suchanfragen selbstständig an andere Clients, welche sie wiederum weiterleiten. Wird ein Client fündig, verbindet er sich selbstständig mit dem Client, der die Suchanfrage gestellt hat und leitet den Download ein.

Die erste Software dieser Art war *GNUtella* und wurde ähnlich wie Napster von einem College-Dropout entwickelt. Problematisch wurde es, wenn viele Nutzer Suchanfragen über

---

[13] Als Major-Labels bezeichnet man die 5 größten Plattenfirmen (EMI, Bertelsmann, Sony, Warner, Universal). Sie vereinen ca. 80% des weltweiten Musikmarktes.
[14] „Vier feixende Jungs mit ihrem neuen Spielzeug – das Bild ging um die Welt" (Röttgers 2003, 29).

GNUtella losschickten. Da sich ihre Zahl exponentiell vervielfachte, hatte die Methode das Potential, „die gesamte Internet-Infrastruktur in die Knie zu zwingen" (Röttgers 2003, 21[15]).

Besser durchdacht war eine europäische Version einer dezentralen Tauschbörse, die von zwei jungen Niederländern entwickelt wurde: *KaZaA*. Bei KaZaA übernehmen Rechner mit guter Netzanbindung die Rolle eines temporären Servers und bilden so eine zweite Netzwerkebene, über die die Suchanfragen weitergeleitet werden. Diese Technologie sollte unter dem Namen *Fasttrack* mithilfe des KaZaA-Clients vermarktet werden. „Mit dieser Architektur war KaZaA so verlässlich wie Napster und gleichzeitig so wenig kontrollierbar wie GNUtella" (Röttgers 2003, 22). Des Weiteren ist es mit diesen Client-Programmen auch möglich, andere Dateien außer mp3s zu tauschen, z.B. Filme und Fotos, aber auch Software.

Seitdem im Frühjahr 2000 GNUtella und KaZaA ihren Betrieb aufgenommen hatten wandten sich mehr und mehr User den neuen dezentralen Tauschbörsen zu. Im September 2001 waren über die großen P2P Netzwerke bereits mehr Dateien getauscht worden als je über Napster (vgl. Röttgers 2003, 48).

### 3.2.2.2 Kriminalisierung der Nutzer

Die Musikindustrie versuchte zunächst, mit derselben Taktik die bei Napster funktioniert hatte, gegen die neuen Tauschbörsen vorzugehen. Bei GNUtella war dies jedoch schwierig, weil die Software auf einem sog. OpenSource-Code basierte, d.h. jeder konnte sie verbessern und somit war kein Verantwortlicher auszumachen. Im Fall von KaZaA musste die Branche feststellen, dass das Firmengeflecht um Fasttrack mindestens so dezentral war wie das Netzwerk selber. Schließlich stellte ein Gericht in Los Angeles fest, da KaZaA auch für legale Zwecke nutzbar sei und daher nicht für seine Nutzer, die durch das Bereitstellen von Copyrightgeschützten Musikstücken Unrecht begingen, verantwortlich gemacht werden konnte.

Aus diesem Grund änderte sich der Fokus und die Plattenfirmen nahmen nun die Nutzer der Tauschbörsen ins Visier. Schon länger versuchte man CDs mit Kopierschutzmechanismen auszurüsten, die aber in den meisten Fällen dazu führten, dass die CDs gar nicht mehr liefen. In Tauschbörsen wurden nun defekte Dateien eingeschleust, die den Usern das Tauschen madig machen sollten, sogar Programme wurden entwickelt, die über das Netz feststellen konnten, ob ein User einen Tauschbörsen-Client installiert hatte. War dies der Fall, würde er solange mit Datenpaketen beschossen, bis der Rechner abstürzt. Allerdings hätte der Einsatz

---

[15] Zitiert nach: Ritter, Jordan: Why Gnutella can't scale. No, really.
http://www.darkridge.com/~jpr5/doc/gnutella.html [nicht abgerufen]

solcher ‚Hackermethoden' einer Gesetzesänderung bedurft, die nicht durchgesetzt werden konnte. Schließlich versuchte man, durch Klagen gegen einzelne Nutzer eine abschreckende Wirkung zu erzielen, auch Firmen und Universitäten wurde mitgeteilt, ihnen drohten Klagen, wenn sie weiterhin Filesharing über ihre Netzwerkstrukturen zulassen würden (vgl. Röttgers 2003, 59f). Gerade diese Methoden trugen bedeutend zum schlechten Image bei, das viele heute von der Musikbranche haben. Zu beachten ist tatsächlich, dass kaum Künstler sich gegen die Tauschbörsen positionierten. Haring (2002, 12) sieht daher auch nicht die Verhinderung der Piraterie der Künstler wegen als Hauptmotiv für das Engagement der Plattenfirmen: „[...] Die viel größere Bedrohung lag darin, dass die Musiker das etablierte Vertriebssystem umgehen und direkten Marktzugang erhalten konnten." Röttgers (ebd.) meint: „Fast [schien] es so, als habe sich die Branche auf einen letzten Kampf eingeschworen – gegen die eigenen Kunden."

### 3.2.3 Filesharing und der Werbeeffekt

Oft wird behauptet, Filesharing sei nur in geringem Maße für die Krise der Musikbranche zuständig. Die eine Studie besagt, „dass die gute alte gebrannte CD der Industrie nach wie vor die herbsten Tiefschläge versetzt," (Anonymus 2005b), bei einer anderen heißt es „Filesharer [investieren] rund viereinhalb mal so viel [Geld] in legale Downloads [als der Rest]" (Anonymus 2005c). Dass Tauschbörsen das Kaufverhalten anregen, darf bezweifelt werden, man denke an die Generation die nur Festplatten voll mp3s kennt, (vgl. Röttgers 2003, 5). Einbrodt (2001, 1f) hingegen preist Tauschbörsen geradezu:

> „[Filesharing] is the new market for thousands and thousands of musicians that are more or less completely unknown to the public. You will not find their CDs in stores [...]. These musicians take the chance of a new way of distributing their music. [...] Even music lovers and music sociologists will see the chance: listening to songs that nobody else has might be a stimulus to search for new talents and sounds."

Übersehen wird dort allerdings der Aspekt, dass niemand nach etwas sucht was er nicht kennt und da für Tauschbörsen-User in der Hauptsache aktuelle Hits interessant sind, hält sich der Teil der User, die nach unbekannter Musik ‚stöbern' sicherlich in Grenzen. Darüber hinaus wären ansonsten auch die Anschuldigungen der Industrie unhaltbar.

Festzustellen ist allerdings, wenn Musik „fast umsonst zugänglich ist, tendieren Nutzer zu einer [..] größeren Experimentierfreudigkeit." Für Bands, die in Tauschbörsen auftauchen, kann das einen „nicht unerheblichen Werbeeffekt" nach sich ziehen (vgl. Hemming 2004, 116). Schließlich ist „nicht der Diebstahl von Musik das größte Risiko," wesentlich mehr

Gefahr besteht, „wenn Musik von niemandem gehört wird" (Haring 2002, 12). Dass dies weiterhin auch über Tauschbörsen möglich sein wird, meint Röttgers (2003, 51):

> Insgesamt dürften zur Drucklegung dieses Buches [2003] rund sieben Millionen Menschen rundum die Uhr mit Filesharing beschäftigt sein. Nichts deutet daraufhin, dass sich dieser Trend in absehbarer Zeit stoppen lässt."

## 3.3 Kommerzielle Downloadportale

Kommerzielle Downloadportale versuchte die Musikindustrie schon zu Napsterzeiten anzubieten, jedoch scheiterten diese zumeist an begrenztem (und damit uninteressantem) Angebot und vor allem an absurden Preisvorstellungen. In der Regel waren nur monatliche Abonnements möglich, der Abonnent konnte dafür eine begrenzte Anzahl von Songs herunterladen, meisten jedoch nicht brennen. Anfangs blieb das Angebot sogar auf *Streaming* begrenzt[16]. Noch heute sind lediglich 36 Prozent aller Deutschen überhaupt bereit, weniger als € 5 für ein monatliches Musikabo auszugeben (Röttgers 2005a).

### 3.3.1 DRM und Formate

Der User bekommt beim Download von einem kommerziellen Downloadportal keine herkömmliche mp3, welche er beliebig weiterverwenden könnte. Seit Jahren verbessert die Musikbranche ihre *Digital Rights Management*- Systeme, mit denen sich für jeden Song und jeden Nutzer genaue Rechte definieren lassen. So können DRM geschützte Dateien beispielsweise nur auf bestimmten Computern abgespielt werden, nur wenige Male gebrannt werden und eine Konvertierung in andere, freie Formate ist ebenso ausgeschlossen (vgl. Renner 2004, 254). Da aber fast jeder Anbieter auf ein eigenes Format mit eigenem Schutzsystem setzt, ist Chaos und Inkompatibilität vorprogrammiert:

> „DRM, in other words, strives to create incompatibility between the approved devices and uses, and the unapproved ones. Incompability isn't an unfortunate side-effect of deficient DRM systems – it's the *goal* of DRM" (Felten 2004).

Darüber hinaus ließe sich ein erfolgreiches DRM-System (bisher ist noch jeder Code geknackt worden) auch auf andere Online-Medien ausdehnen. So sieht Röttgers (2003, 157) die Gefahr, dass „eine ganze Generation von Medien [..] nicht mehr ausgeliehen werden [kann], da ihre Nutzung auf einen einzigen PC oder eine individuelle Kreditkartennummer

---

[16] Streaming bedeutet, dass der Song nicht auf der Festplatte gespeichert wird (Download), sondern ‚live' aus dem Netz gehört wird. Der Zugriff ist zwar somit überall auf der Welt möglich – jedoch nur von einem Computer mit Internetanschluss.

beschränkt ist." Und das wiederum gefährdet laut einer Studie der Britischen Regierung die Teilnahme an der globalen Wissensgesellschaft (Röttgers 2003, 158[17]).

### 3.3.2 Apples iTunes Music Store

> „[...] das perfekte Online-Geschäftsmodell wäre die Verknüpfung von Plattenangebot
> und Kritikensammlung." (Haring 2002, 52)

Marktführer im Bereich der Kommerziellen Downloadportale ist weiterhin unangefochten Apples iTunes Music Store. Gründe dafür dürften die selbsterklärende Handhabung über den iTunes-Client und vor allem die einheitliche Preispolitik sein. Generell kosten einzelne Songs € 0,99 und ganze Alben € 9,99. Abonnements sind erst gar nicht im Angebot. Die Songs bekommt man im Apple eigenen AAC Format welches klangliche Verbesserung bei gleicher Bitrate gegenüber mp3 aufweist und dessen DRM dem User vergleichsweise großzügige Rechte einräumt. So können die Songs auf bis zu 3 Computern gehört werden, beliebig oft gebrannt und auf den iPod übertragen werden.

Apple macht es dem User auch leicht, sich im ,Store' zu Recht zu finden. So werden zwar nicht im Stile eines Musikmagazins Kritiken angeboten, durch eine exzellente Verlinkung ähnlicher Künstler findet man jedoch schnell alles für den persönlichen Geschmack.

Wirtschaftlich steht Apple auf der ersten Blich hervorragend dar. Anfang 2004 machten Downloads über iTunes 1,5 Prozent des US-Musikmarktes aus und mit ca. 3,3 Millionen Downloads pro Woche ist diese Position auszubauen (Renner 2004, 169). Allerdings muss dabei beachtet werden, dass es sich bei 96% der Downloads um einzelne Songs handelt – Alben werden kaum gekauft (vgl. Röttgers 2005b). Deshalb scheint es fraglich, ob ein Online-Distributionsmodell längerfristig die CD ersetzen wird.

Nicht vergessen darf man außerdem, das trotz aller Kopierschutzmaßnahmen und Gerichtsverfahren immer noch weitaus mehr Dateien illegal getauscht als legal im Netz gekauft werden (vgl. Friedrichsen/Gerloff/Grusche/Damm 2004, 73).

## 3.4 Some Rights Reserved – Ideenaustausch mit der Creative Commons License

Einen Ausweg aus dem Dilemma zwischen DRM und Raubkopie bietet sich dem Künstler mit der Creative Commons License[18]. Die Erfinder, ein Konsortium amerikanischer Jura-

---

[17] Zitiert nach: Commission on Intellectual Property Rights: Integrating Intellectual Property Rights and Development Policy, London 2002, S. 101,
http://www.iprcommission.org/papers/pdfs/final_report/CIPRfullfinal.pdf. [nicht abgerufen]
[18] www.creativecommons.org

Professoren, wollen damit ermöglichen, Inhalte geschützt aber kostenlos im Netz zu veröffentlichen – ganz im Sinne des Grundgedankens des Internets. Creative Commons ist eine gemeinnützige Organisation. Seit Juni 2004 ist die Lizenz auch für den deutschen Rechtsraum angepasst. „Die Grundidee war in erster Linie, dass dem Rechteinhaber die Freiheit gegeben werden soll, selbst zu entscheiden, in welcher Form er seine Werke veröffentlicht bzw. welche Rechte er anderen [...] einräumen möchte," wird die Leiterin von International Commons zitiert (Schimmang 2005). Gerade im Zuge der Digitalisierung sei es möglich, Kreativität und urheberrechtlichen Schutz auf einen Nenner zu bringen.

Bisher gab es fast keinerlei Möglichkeit, anderen ohne anwaltliche Hilfe Rechte an veröffentlichen Inhalten einzuräumen. Auf der Homepage von Creative Commons kann man sich eigene Lizenzen konfigurieren und bekommt zum einen „einen juristisch einwandfrei formulierten" Vertrag, zum anderen aber auch eine Version, die auch von Nichtjuristen „unproblematisch genutzt" werden kann. Darüber hinaus gibt es noch eine „maschinenlesbare Übersetzung," die ermöglicht, das Anwendungen und Suchmaschinen erkennen können, welche Rechte ein Anbieter einräumt. Eine Creative Commons License besteht aus mehreren Elementen, die man beliebig zusammenstellen kann:

> *Namensnennung:* Erlaubt anderen, unter der Voraussetzung, dass Ihre Rechtsinhaberschaft durch Nennung Ihres Namens anerkannt wird, Ihren Inhalt und darauf aufbauende Bearbeitungen zu vervielfältigen, zu verbreiten, aufzuführen und öffentlich zugänglich zu machen.
>
> *Nicht-Kommerzielle Nutzung:* Erlaubt anderen, Ihren Inhalt und darauf aufbauende Bearbeitungen nur zu nicht-kommerziellen Zwecken zu vervielfältigen, zu verbreiten, aufzuführen und öffentlich zugänglich zu machen.
>
> *Keine Bearbeitungen:* Erlaubt anderen, nur unveränderte Kopien Ihres Inhalts zu vervielfältigen, zu verbreiten, aufzuführen und öffentlich zugänglich zu machen, dagegen sind keine Bearbeitungen erlaubt, die auf Ihrem Inhalt basieren.
>
> *Weitergabe unter gleichen Bedingungen:* Erlaubt anderen, Bearbeitungen Ihres Inhalts nur unter einem Lizenzvertrag zu verbreiten, der demjenigen entspricht, unter dem sie selbst Ihren Inhalt lizenziert haben.
>
> (Anonymus [Creative Commons])

Mit einer Creative Commons License kann der Künstler sich auch abseits von einer Plattenfirma rechtlich schützen. Gewissermaßen ist sie damit das juristische Pendant zur technischen Innovation mp3. Die mp3 ersetzt die Plattenfirma im Sinne der Distributionswege, Creative Commons liefert dem selbstständigen Künstler das juristische Instrumentarium an die Hand. Allerdings hat es bisher noch keinen Richterspruch auf Basis einer Creative Commons License gegeben. Ob sich das Modell also tatsächlich bewährt, bleibt abzuwarten.

# 4  Fazit

Anfang des 21. Jahrhunderts ist der Umgang mit mp3s ein fester Bestandteil der Popkultur. Ob in Tauschbörsen oder über legale Portale, Musik im Internet hat das Verhältnis zwischen Musiker und Konsument nachhaltig verändert. Musiker können sich direkter mit ihren Fans verständigen. Dem Konsumenten bietet sich durch die Tauschbörsen ein nahezu unerschöpfliches Musikarchiv, bei legalen Portalen genießt er zumindest noch recht große Auswahl. „‚Geistiges Eigentum' ist verfügbarer, dadurch aber ganz offensichtlich auch wertloser geworden," schreibt Reinbacher (2004, 1249). Die Debatte über immer bessere DRM-Systeme und dadurch der Bevormundung des Kunden/Musikers bedroht aber zudem den freien Austausch von Ideen zwischen Künstlern. „Die Vielfalt der Einflüsse bestimmt die Popkultur des Informationszeitalters" (ebd.). Die Musikindustrie sollte vor allem nicht nur die ‚Onlinedistribution' verteufeln. Ein viel größerer Teil ihrer (wirtschaftlichen) Krise ist auf die illegale Vervielfältigung und Verbreitung von CDs zurückzuführen (Einbrodt 2001, 5). Kopierschutz wird hier auch keine Lösung sein: „Wer sich zuvor CDs gekauft hat, um sie zu brennen, wird nicht auf das Brennen verzichten – sondern auf den Kauf" (Röttgers 2003, 95). Offensichtlich versucht sich die Branche immer noch an ein veraltetes Distributionsmodell zu klammern, anstatt die Zukunft für sich zu nutzen. Inwieweit sie deshalb tatsächlich uneigennützig in die Rolle des Anwalts der Künstler geschlüpft ist, bleibt fragwürdig. Festzustellen ist, dass sie sich selbst durch das Verhalten ihren Kunden gegenüber sicher keinen Gefallen getan hat. Begreift man MP3 als Medium, so ist in diesem Zusammenhang seine Botschaft, dass die gegenwärtige Struktur der Musikindustrie keine Zukunft hat.

Genauso fragwürdig erscheint jedoch Vermutung, kommerzielle Downloadportale würden den traditionellen Plattenladen ersetzen können. Die CD ist sicherlich in vieler Hinsicht einem mp3-Album immer noch vorzuziehen, ansetzen sollte die Industrie hier jedoch mit einer Aufwertung des Produkts. Im Vergleich zu anderen Freizeitkonsumgütern wie DVD und Computerspielen hat eine herkömmliche Audio-CD einfach ‚zu wenig' zu bieten und sie ist zu teuer. Für den Künstler ist sie dennoch einem ausschließlichen Online-Vertrieb vorzuziehen, weil man dem Konsumenten ein ‚Gesamtkunstwerk' bieten kann. Ein umfangreiches Booklet und aufwändiges Artwork können den Eindruck eines Albums deutlich verbessern.

Die Musikindustrie muss vor allem auch begreifen, dass das Phänomen MP3 sie auf eine gewisse Weise unersetzlich gemacht hat. Technisch (und sogar juristisch) ist jeder in der Lage, seine Songs im Netz zu veröffentlichen. Für den Konsumenten gibt es aber kaum eine

Chance, sich im Wust von mp3s, die durch das Netz schwirren, zurechtzufinden. Spätestens seit MTV ist der Konsument, vor allem Jugendliche, gewöhnt, eine Auswahl von ‚guter' Musik durch die Branche vorgesetzt zu bekommen. Vielen hilft das zur Identitätsfindung und Abgrenzung, man denke beispielsweise an die HipHop-Szene bzw. die ‚Metaller.' Eine Auflösung der Branche wie wir sie jetzt kennen würde eine Zersplitterung in viele kleine Gruppen von Musikhörern zur Folge haben, eine Massenkultur wäre nicht mehr vorstellbar. Deshalb muss die Industrie ihre Rolle als ‚Vorkoster' festigen, gerade im MP3-Zeitalter wird das Verlangen der Masse nach ‚musikalischer Führung' stark bleiben.

# Literatur- und Quellenverzeichnis


- *FRANK, Thomas (2004):* MP3, P2P und StA – Die strafrechtliche Seite des Filesharing, In: Kommunikation & Recht, Vol. 7, Nr. 12, S. 576-581.

- *FRIEDRICHSEN, Mike / GERLOFF, Daniel / GRUSCHE, Till / DAMM, Tile von (2004):* Die Zukunft der Musikindustrie. Alternatives Medienmanagement für das mp3 Zeitalter, München: Fischer.

- *HARING, Bruce (2002):* MP3. Die digitale Revolution in der Musikindustrie, Freiburg: orange press.

- *HEMMING, Jan (2004):* Illeg(eni)al: Kulturelle und wissenschaftliche Dimensionen von mp3-Tauschbörsen im Internet, In: Heiner Gembris / Rolf-Dieter Kraemer / Georg Maas [Hrsg.]: Vom Kinderzimmer bis zum Internet. Musikpädagogische Forschung und Medien, Augsburg: Wißner, S. 109-124.

- *KOCH, Peter (2001):* Das MP3-Kochbuch, Kilchberg: SmartBooks.

- *MÖNKEMÖLLER, Lutz (2000):* Moderne Freibeuter unter uns? Internet, mp3 und CD-R als Gau für die Musikbranche! In: Gewerblicher Rechtsschutz und Urheberrecht, Vol. 102, Nr. 8, S. 663-670.

- *REINBACHER, Tobias (2004):* Das Recht zur Raubkopie. Über mp3 und Urheberstrafrecht, In: Blätter für deutsche und internationale Politik, J. 49, Nr. 10, S. 1243-1250.

- *RENNER, Tim (2004):* Kinder, der Tod ist gar nicht so schlimm! Über die Zukunft der Musik- und Medienindustrie, Frankfurt/Main: Campus.

- *RÖTTGERS, Janko (2003):* Mix, Burn & R.I.P. Das Ende der Musikindustrie, Hannover: Heise.


## *4.1 Internetquellen*


- *ANONYMUS (Fraunhofer):* Audio & Multimedia MPEG Audio Layer-3, http://www.iis.fraunhofer.de/amm/techinf/layer3/index.html [9.9.2005]

- *ANONYMUS (Creative Commons):* CC – Frequently Asked Questions – Deutsch, http://de.creativecommons.org/faq.html [9.9.2005]

- *ANONYMUS (mp3Werk-a):* MP3 Geschichte, http://www.mp3werk.de/faq/history.php [9.9.2005]

- *ANONYMUS (mp3Werk-b):* MP3 - Der Begriff, http://www.mp3werk.de/faq/begriff.php [9.9.2005]

- *ANONYMUS (2005a):* HAPPY BIRTHDAY MP3, http://www.de-bug.de/cgi-bin/debug.pl?what=show&part=news&search=text&keyword=mp3&ID=3220 [9.9.2005]

- *ANONYMUS (2005b):* Altes Feindbild mit neuer Kraft, http://www.tonspion.de/newsartikel.php?id=1026 [9.9.2005]

- *ANONYMUS (2005c):* Studie: Musikpiraten sind die besten Kunden, http://www.tonspion.de/newsartikel.php?id=1013 [9.9.2005]

- *EINBRODT, Ulrich Dieter (2001):* The Juxtaposition of Good and Bad or: Legal and Illegal Downloads. The MP3 Format and its chances for Musicians and Fans, http://geb.uni-giessen.de/geb/volltexte/2001/590/ [19.8.2005]

- *FELTEN, Edward W. (2004):* A Perfectly Compatible Form of Incompatibility, http://www.freedom-to-tinker.com/?p=578 [9.9.2005]

- *LIEBOWITZ, Stan J. (2003):* Will MP3 downloads Annihilate the Record Industry? The evidence so far, http://ssrn.com/abstract=414162 [19.8.2005]

- *RÖTTGERS, Janko (2005a):* Umfrage: Musik-Abos sind zu teuer, http://www.netzwelt.de/news/72314-umfrage-musikabos-sind-zu-teuer.html [9.9.2005]

- *RÖTTGERS, Janko (2005b):* Unruhe auf dem Download-Markt, http://www.netzwelt.de/news/72338-unruhe-auf-dem-downloadmarkt.html [9.9.2005]

- *SCHIMMANG, Jan (2005):* Creative Commons Worldwide, http://www.tonspion.de/newsartikel.php?id=960 [9.9.2005]